लिफ्ट बिज़नेस में सफलता के 7 महत्वपूर्ण रहस्य

लिफ्ट बिज़नेस में सफलता के 7 महत्वपूर्ण रहस्य

हर्ष गुप्ता

Worldwide Published by

Pendown Press

PENDOWN PRESS LLP

An ISO 9001 & ISO 14001 Certified Co.,

Regd. Office: 3767A, Kanhaiya Nagar,

Tri Nagar, Delhi-110035

Ph.: 8130886000, 9650072927

E-mail: info@pendownpress.com

Branch Office: 1A/2A, 20, Hari Sadan, Ansari Road,

Daryaganj, New Delhi-110002

Ph.: 011-45794768

Website: PendownPress.com

First Edition: 2022

Price: ₹499/-

ISBN: 978-93-5554-427-8

Layout and Cover Designed by Pendown Graphics Team

Printed and Bound in India by Thomson Press India Ltd.

विषय-सूची

परिचय

हैलो! मेरा नाम हर्ष गुप्ता है। मैं लिफ्ट का मैकेनिकल डिजाइन कन्सल्टेंट हूँ।

जरूरत के हिसाब से लिफ्ट को डिजाइन करने की मेरी यात्रा 6 वर्ष पहले प्रारंभ हुई जब मैंने पहली बार बाजार के एक अग्रणी खिलाड़ी के लिए लिफ्ट को कस्टमाइज किया।

मुझे यह जानकर आश्चर्य हुआ कि किस प्रकार एक अनुकूलित उत्पाद आपको अपने कम्पीटीटर के मुकाबले एक अलग ही स्थान दिला देता है।

पिछले 6 वर्षों से ज्यादा समय के दौरान हमने 100 से ज्यादा लिफ्ट कंपनियों को अपने ग्राहकों के लिए अनुकूलित समाधान प्रस्तुत करने में मदद की है। यह तरीका अपने उच्च श्रेणी के ग्राहकों से और ज्यादा बिजनेस प्राप्त करते हुए अपनी लीडरशिप बनाए रखने का सर्वाधिक प्रभावशाली माध्यम सिद्ध हुआ है।

मैं इस इंस्टा-बुक को आपके साथ इसलिए शेयर कर रहा हूँ ताकि ऐसे बहुत से लोग, जिन्होंने अपने जीवन में अपनी रोजमर्रा की नौकरी को छोड़कर अपनी निजी कंपनी बनाने का एक मजबूत निर्णय लिया हो, आखिरकार एक जोशभरी जिंदगी जी सकें।

मुझे यह देखकर बहुत दुख होता है कि जब किसी उद्यमी ने बड़े जोश के साथ अपनी खुद की कंपनी शुरू की हो और वह सिर्फ कुछ सामान्य मिथकों की वजह से बेबसी और अविश्वास के जाल में फँस जाए। मैं यह सुनिश्चित करना चाहता हूँ कि वही उद्यमी अपने बिजनेस को बढ़ाकर अपनी एक अलग पहचान स्थापित कर सके।

तो चलिए, उन गलतियों पर नजर डालते हैं जिनसे बचकर आप अपनी ऊँचाइयों की यात्रा को और जल्दी हासिल कर सकते हैं।

आपका शुभाकांक्षी!

-हर्ष गुप्ता

अध्याय-1

इस पुस्तक का प्रयोग कैसे करें?

इस लघु पुस्तक के लेखक के रूप में मैंने यह प्रयास किया है कि लिफ्ट बिजनेस से जुड़े पाठकों से संबंधित सभी चीजें इसमें शामिल हो जाएँ। जहाँ तक सभी पाठकों की इच्छा पूर्ति का सवाल है, आप यह नहीं बता सकते कि किस पाठक को क्या चाहिए। लेकिन इस पुस्तक की खुबसूरती इस बात को जानने में जरूर है कि आप क्या जानना चाहते हैं और बाकी लोग क्या जानना चाहते हैं। और इसी में सामूहिक पठन की भावना निहित है। इस दृष्टि से यह पुस्तक सभी के लिए उपयोगी बन पड़ी है।

जब मैंने इसकी विषयसूची को बनाना शुरू किया तो मैंने लिफ्ट बिजनेस से जुड़े सभी जरूरी तत्त्वों को ध्यान में रखा। हो सकता है कि एक प्रैक्टिशनर के नाते आप

उनमें से एक या अधिक शीर्षकों के बारे में पहले से ही जानते हों। हालाँकि मुझे पूरा विश्वास है कि यह लघु पुस्तक आपका भी ज्ञानवर्धन करेगी चाहे आप किसी खास टॉपिक के बारे में पहले से ही काफी कुछ जानते हों। मैं आपको परामर्श देना चाहूँगा कि शुरू करते समय आप किस एक ऐसे टॉपिक से शुरू कर सकते हैं जो आपकी निगाह में एक लिफ्ट बिजनेस के विद्यार्थी के लिए सबसे ज्यादा महत्त्वपूर्ण है।

जब आप यहाँ प्रदान किए गए ज्ञान से संतुष्ट होंगे तो आपमें खुद बाकी अध्यायों को पढ़ने की और अपने काम-काज में उसे लागू करने की उत्सुक्ता जागेगी। सरल शब्दों में कहें तो यह जरूरी नहीं है कि आप पहले प्रथम अध्याय को पूरा करें और तभी दूसरे अध्याय की ओर बढ़े। जब आप अपनी मर्जी के हिसाब से आगे बढ़ते जाएँगे तो सभी अध्यायों को कवर कर लेंगे।

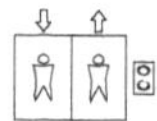

अध्याय-2

ग्राहक की आवश्यकता को समझें—बेचने की जल्दबाजी न करें।

प्राय: सभी के द्वारा की जाने वाली सबसे पहली गलती तो यह होती है कि अपने उत्पाद को बेचने की जल्दबाजी में वे ग्राहक को अपने उत्पाद की ओर घुमाना शुरू कर देते हैं, जैसे कि अपने उत्पाद की उन विशेषताओं का बखान करना जो उनके कम्पीटीटर में नहीं हैं, आदि-आदि।

"आपको ठीक यहीं पर रुकना होगा और ग्राहकों की जरूरतों को समझना होगा।"

उदाहरण के लिए-

1. लिफ्ट का उद्देश्य क्या है? यह सामान ले जाने की लिफ्ट है या यात्रियों को ले जाने वाली या फिर दोनों कार्यों के लिए।

2. वे लोग किस आयु वर्ग के हैं जो इस लिफ्ट का प्रयोग करेंगे।

3. लिफ्ट के प्रयोग किए जाने के प्रकार।

4. लिफ्ट कितनी बार प्रयोग में लाई जाएगी?

5. कितने लोग इस लिफ्ट का प्रयोग करेंगे?

6. लिफ्ट को किस स्थान पर लगाया जाना है?

हमें ग्राहकों की जरूरतों को समझना होगा क्योंकि हमारे पिछले अनुभव ये रहे हैं कि लिफ्ट को अंतिम रूप से सौंप दिए जाने के बाद भी बहुत से ग्राहक असंतुष्ट पाए गए हैं।

ऐसा ही एक अध्ययन निम्नानुसार प्रस्तुत है:

"यह लिफ्ट घरेलू सामान के एक रिटेल स्टोर में लगाई गई थी और इसको ठीक ढंग से नहीं चलाया जा रहा था। इसमें चावल, दालें, तेल, आटा जैसी चीजों को काफी बार ऊपर-नीचे ले जाया जाता था। इसका परिणाम यह हुआ कि लिफ्ट को अपूरणीय क्षति पहुँची और इससे उसका

जीवनकाल कम हो गया, साथ ही नियमित रख-रखाव की जरूरत पड़ने लगी। नियमित काम के दिनों में लिफ्ट के खराब रहने से काफी असुविधा भी रहने लगी। ढूँढ़ने पर समस्या यह पाई गई कि दरवाजों की अल्यूमिनियम दरारों में यह चीजें फँस जाती थीं और ट्रॉली के नियमित प्रयोग के कारण पैनलों का आकार बिगड़ गया था। इसके लिए हमें कार कैबिन के लिए बिना खरौंच वाले पैनलों को पुन: डिजाइन करना पड़ा जिसमें बिना नाली (ग्रूव) वाले सिल दरवाजों की व्यवस्था थी और इसके प्रयोग के प्रकार को देखते हुए हमने पारदर्शी पैनलों के स्थान पर सादे दरवाजों को प्रयोग किया था।"

एक और उदाहरण यह भी दिया जा सकता है कि यदि ज्यादा उम्र वाले लोग किसी लिफ्ट का प्रयोग करते हैं तो हमें पारदर्शी पैनल दरवाजों की जरूरत होगी जिनके दरवाजे भी चौड़े हों ताकि उनमें व्हील-चेयर का प्रवेश भी आसानी से हो सके। ऐसी हालत में हमें कम स्पीड वाली मशीनों का प्रयोग करना होगा और किसी आपातकालीन स्थिति के लिए इंटरकॉम की सुविधा भी प्रदान करनी होगी।

इसलिए यह जरूरी है कि किसी उत्पाद की असल बिक्री से पहले ग्राहक की पूरी जरूरत को समझ लिया जाए।

अध्याय-3

खुद को ग्राहक की जगह रखकर देखें कि आपको उसे क्या बेचना चाहिए।

क्या आपके साथ कभी ऐसा हुआ है कि आपके कम्पीटीटर ने आपसे भी घटिया उत्पाद का ऑफर देकर आपका ऑर्डर बुक कर लिया हो। यदि आपका उत्तर हाँ में है तो आपने निश्चित ही उसकी असली जरूरत को जाने बिना उसे नई टेक्नोलॉजी वाली अपनी सबसे अच्छी फ्लेगशिप डिजाइन वाली लिफ्ट बेचने का प्रयास किया होगा।

दूसरी गलती यह होती है कि

"हम वह चीज बेचना चाहते हैं जो हमारे हिसाब से ग्राहक के लिए सही है न कि ग्राहक क्या सोचता है कि उसके हिसाब से क्या सही है।"

हमें एक ऐसा समाधान खोजना चाहिए जो लिफ्ट के भावी मालिक के नजरिए के अनुरूप हो, जो कि निम्नलिखित प्रश्न पूछकर निर्धारित किया जा सकता है। उदाहरण के लिए, आपको जानना चाहिए कि–

- क्या आपका ग्राहक उच्च श्रेणी के डिजाइनर उत्पाद को खरीदने का इच्छुक है या फिर उसकी रूचि कम खर्च वाले डिजाइन में है।

- आपके ग्राहक की प्राथमिकता गुणवत्ता है या फिर पैसे की बचत?

- क्या यह उसके निजी प्रयोग के लिए है या फिर उसे इसको किराए पर देना है?

- आपका ग्राहक वार्षिक मेन्टेनेन्स कॉनट्रेक्ट करने का इच्छुक है या नहीं?

उदाहरण के लिए

"कम लागत वाले फ्लैट या मकान तैयार करने वाला एक रीयल एस्टेट का डिवेलपर अपने निजी प्रयोग के लिए एक

विशिष्ट प्रकार से डिजाइन की गई लिफ्ट लेने का इच्छुक हो सकता है और अपनी आवासीय परियोजनाओं के लिए कम लागत वाली क्लासिक स्टेंडर्ड लिफ्ट लेना पसंद कर सकता है।”

“इसी प्रकार जहाँ एक आर्कीटेक्ट या इंटीरियर डिजाइनर अपने ग्राहक के काम से जुड़ा हुआ है, वह अपने इंटीरियर के डिजाइन से तालमेल बिठाने के लिए एक डिजाइनर कार का सुझाव दे सकता है।”

इस प्रकार अपने उत्पाद को सफलतापूर्वक बेचने के लिए हमें प्रत्येक ग्राहक के लिए एक निजीकृत डिजाइन की जरूरत होती है क्योंकि आखिरकार ग्राहक एक इंसान है और हर इंसान की अपनी अपनी प्राथमिकताएँ और पसंद होती है।

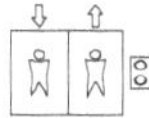

अध्याय-4

अपनी पसंद के स्थान पर ग्राहक की पसंद समझने का प्रयास करें।

कई बार ऐसा होता है कि अपने ग्राहक से बातचीत करने के बाद और उसका नजरिया जान लेने के बाद अपनी वेरायटी दिखाने के लिए या फिर उसे सिर्फ प्रभावित करने के लिए हम उसके सामने बहुत सारे समाधान प्रस्तुत करने लग जाते हैं।

अगर आप उसके सामने बहुत सारे विकल्प प्रस्तुत करते हैं तो फिर प्रस्ताव देने के लिए उद्देश्य ही विफल हो जाता है।

अगली बात जो हमें पता चलती है कि ग्राहक कंफ्यूज हो जाता है और आपके संभावित ग्राहक का आखिरी जबाव यह होता है कि "सोचकर बाद में बताऊँगा।"

उदाहरण के लिए, आप कपड़े खरीदने के लिए किसी रिटेल स्टोर में जाते हैं और वहाँ का सेल्समैन आपको अलग-अलग रंगों और डिजाइनों के कपड़े दिखाना शुरू कर देता है। इन कपड़ों में कैजुअल वीयर, ऑफिस वीयर, स्मार्ट कैजुअल्स के साथ-साथ स्टोर में उपलब्ध सभी प्रकार के कपड़े हो सकते हैं।

"दूसरी तरफ एक रिटेल स्टोर में आपके रंग की इच्छा पूछी जाती है, आपसे पूछा जाता है कि आप प्लेन शर्ट लेंगे या फिर प्रिंटेड शर्ट लेंगे, यह आप अपने लिए ले रहे हैं या फिर किसी को गिफ्ट में देने के लिए। वो खास अवसर क्या है जब आपको यह शर्ट पहननी है, या इसे पहनकर अपने नियमित कार्यलय में जाना है या फिर किसी की जन्मदिन की पार्टी में जाना है। यह सेल्समैन आपको आपके जबावों के आधार पर कुछ विकल्प प्रस्तुत करता है।"

इनमें से कौन सा अनुभव आपके लिए ज्यादा अच्छा होगा?

बिल्कुल ठीक!! दूसरे वाला ही!!

पहले वाली स्थिति से बचने के लिए आपको हर हालत में एक बिल्कुल सही समाधान प्रस्तुत करना चाहिए।

आपको अपने ग्राहक को यह दर्शाना होगा कि आपने जो रिसर्च की है उसके आधार पर और अवसर की जरूरत के हिसाब से यही उत्पाद सबसे ज्यादा ठीक है।

हमारे इस उत्पाद की डिजाइन बिल्कुल सही है। यदि कोई व्यक्ति इस उत्पाद के अलावा आपके सामने कोई और उत्पाद प्रस्तुत करता है तो आप उसे स्वीकार नहीं करें क्योंकि हमारे उत्पाद के सामने वह कहीं से भी टिकने योग्य नहीं है।

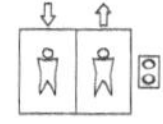

अध्याय-5

तकनीकी शब्दजाल का प्रयोग न करके अपने प्रस्ताव को सरल शब्दों में समझाएं।

अपने प्रॉडक्ट के बारे में बताने के दौरान कई बार हम ग्राहक की समस्या को सुनने के बजाए उसके सामने अपने आपको बेहतर साबित करने के लिए तकनीकी शब्दों का प्रयोग करने लगते हैं।

आपके ग्राहक को इन तकनीकी शब्दों से कुछ लेना-देना नहीं होता। उसको तो बस यह चाहिए कि आपका प्रोडक्ट उनकी समस्या का समाधान किस प्रकार कर रहा है और आपके द्वारा पेश की जाने वाली टेक्नॉलॉजी उनकी जरूरतों को पूरा करने में उनकी किस प्रकार सहायता करती है।

इसके बजाए आप निम्नलिखित पाँच सरल कदमों को पालन करें-

- ग्राहक को समझाते समय बिल्कुल सरल शब्दों का प्रयोग करें।

- ग्राहक के सामने कुछ विशेष बातों को स्पष्ट करते समय तकनीकी भाषा के स्थान पर सिर्फ आम बोलचाल के शब्दों का प्रयोग करें।

- अपने उत्पाद के सुरक्षा संबंधी बिंदुओं को सरल शब्दों में प्रमुखता से दिखाने की कोशिश करें।

- अपनी टेक्नॉलॉजी को समझाने के लिए रोजमर्रा के काम आने वाले उसी प्रकार के किसी सरल उपकरण से उसकी तुलना करने की कोशिश करें।

- सबसे जरूरी बात– अपने ग्राहक को और ज्यादा ज्ञान तथा सूचना का अनुभव कराने के लिए अपनी बातचीत को, जहाँ तक संभव हो, सरल बनाएँ।

आपका ग्राहक आपके उत्पाद को खरीदने में तब और ज्यादा सहज महसूस करता है जब उसे लगता है कि वह उस टेक्नॉलॉजी को समझ पा रहा है, बजाए इसके कि वह टेक्नॉलॉजी उसे बहुत ज्यादा उलझी हुई और समझ से परे लगे।

"ग्राहक को समझाते समय हमेशा आम बोलचाल के शब्दों का ही प्रयोग करे।"

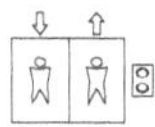

अध्याय-6

अपने ग्राहक को ज्यादा से ज्यादा समझने का प्रयास करें कि उसकी सबसे बड़ी जरूरत क्या है।

बाज़ी को पलटने वाली यह सबसे बड़ी टिप है। इसके द्वारा आपको बिना किसी कम्पीटिशन के उच्च श्रेणी के ऑर्डर मिल सकते हैं।

अपना लिफ्ट साझेदार चुनने के दौरान प्रत्येक ग्राहक के सामने बहुत से चिंताएँ होती हैं। प्राय: हर आदमी उसकी 80 प्रतिशत समस्याओं को तो सुलझा लेता है। तब भी आखिर में ऑर्डर उसी को मिलता है जो उसकी बाकी 20 प्रतिशत समस्याओं को सुलझा पाने में सफल होता है।

आपको अपने ग्राहक से खास तौर से यह पूछना है कि सही लिफ्ट साझेदार चुनने में उसका निर्णायक बिंदु क्या है। आपको उसी सवाल का समाधान खोजना है क्योंकि

इसी में आपके ग्राहक की निगाह में आपको कम्पीटीटर्स से अलग कर देने का सबसे अहम कारण छिपा हुआ है, चाहे वे कम्पीटीटर्स एम.एन.सी. ही क्यों न हों।

लिफ्ट के वास्तविक उपभोक्ताओं की चिंता के बिंदु कुछ इस प्रकार के हो सकते हैं–

- बजट बहुत ही कम है।
- लिफ्ट को स्थापित करने का समय बहुत ज्यादा है।
- सुझाया गया समाधान तसल्ली देने वाला नहीं है।
- लिफ्ट की सुरक्षा का स्तर अपेक्षा के अनुरूप नहीं है।
- उत्तर देने में बहुत ज्यादा देरी कर दी।

आपके ग्राहकों की चिंताएँ भी कुछ इसी प्रकार की हो सकती हैं जिनका समाधान किया जाना अति आवश्यक है।

संक्षेप में हम कह सकते हैं कि आपकी बिक्री की योजना का संपूर्ण सार यह निकलता है कि एक बिल्कुल सही समाधान को दर्शाने के लिए आप उनके कष्टदायक बिंदुओं पर प्रमुखता से ध्यान दें।

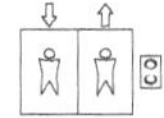

अध्याय-7

ऐसी तकनीक अपनाएं जो सीधे ग्राहक की जरूरत को पूरा करे।

अब, आपने ग्राहक की इच्छाओं को तो जान ही लिया है, अब समय है उसके प्रयोग में लाने का।

आपने सारे आँकड़े एकत्रित कर लिए हैं और अब आपको अंतिम प्रस्ताव तैयार करना शुरू कर देना चाहिए।

"हमें इस बारे में पूरी तरह स्पष्ट होना चाहिए कि वे क्या चाहते हैं।"

आप में निम्नलिखित 9 महत्त्वपूर्ण बिंदुओं को स्पष्ट रूप से देख पाने की सामर्थ्य होनी चाहिए-

- लिफ्ट का डिजाइन और इसके पैरामीटर।

- आप किन ब्रांड्स को प्रयोग में लाने की योजना बना रहे हैं।

- आप कितनी क्षमता का प्रयोग करेंगे।

- कच्चे माल का स्रोत।

- कितने प्रतिशत बुकिंग राशि की आवश्यकता है।

- टीम के किन सदस्यों को काम पर लगाने की आवश्यकता होगी।

- आकस्मिक मामलों में दूसरे विकल्प क्या होंगे।

- काम के पूरा होने की मासिक योजना।

- उत्पाद को सौंप देने की समय सीमा।

एक बार आप इन 9 बिंदुओं के बारे में अपनी स्पष्ट धारणा बना लेते हैं तो आपके अंतिम प्रस्ताव में पूरी स्पष्टता होगी और सभी सवालों के सही उत्तर भी मौजूद रहेंगे। यह आपके काम करने के तरीके को भी दर्शाएगी। ग्राहक कम्पीटीटर्स की फालतू की बातों के बजाए आपकी शुद्धता और सटीकता को देख सकेगा।

एक अच्छी तरह से बनाये गये प्रस्ताव से आपका और आपके ग्राहक दोनों के समय की बचत होती है।

इससे ग्राहक का ध्यान असंगत और भटकाने वाली चीजों से भी दूर हो जाता है। और वह एक सटीक प्रस्ताव पर ही फोकस करने लगता है।

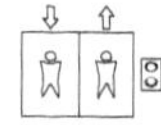

सबसे जरूरी बात—अपने प्रस्ताव के बारे में ग्राहक की राय को भी जानने का प्रयास कीजिए।

"क्या आपके साथ कभी ऐसा हुआ है कि अपने उत्पाद की विशेषताओं को समझाने के बाद आपने अपने ग्राहक को प्रस्ताव भेजा हो जिसका जबाव उनकी ओर से कभी न आया हो या फिर व्यावसायिक बातचीत के दौर का कभी अंत ही न हुआ हो।"

आपका उत्तर "हाँ" में है तो आपको ऐसी स्थितियों से बचने के लिए सिर्फ एक कदम उठाने की जरूरत है।

इसका हल अपने संभावित ग्राहक के साथ हुई बातचीत के आधार पर ऑफर किए गए समाधान के बारे में फीडबैक लेना है। इससे आपके ग्राहक का ध्यान आपके द्वारा किए गए उन प्रयासों की ओर आकर्षित होगा जो आपने उसे समाधान प्रदान करने के किए थे। इसके साथ ही यह आपकी समझ और जरूरत के हिसाब से ऑफर तैयार करने के आपके कौशल को और बेहतर बनाएगा।

यह फीडबैक आपके संभावित ग्राहक की आवश्यकताओं के अंतिम अध्ययन में रह गई कमियों को पूरा करने में भी सहायता करेगा।

इसके साथ ही यह आपको एक बिल्कुल सही प्रस्ताव बनाने और अपनी शर्तों पर बिजनेस शुरू करने का सर्वश्रेष्ठ मौका भी प्रदान करेगा।

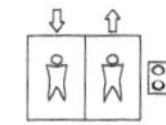

अब आगे कैसे बढ़ना है?

मैंने आपके साथ उस महत्त्वपूर्ण ज्ञान को साझा किया है जो मैंने अनेक लिफ्ट कंपनियों के साथ काम करते हुए प्राप्त किया है।

मूल सिद्धांत तो यही है कि हम सभी कुछ तो अपने अनुभवों से और कुछ दूसरों के अनुभवों से सीखते हैं। यह हमारे ऊपर है कि कितना हम सर्वश्रेष्ठ ग्रहण कर पाते हैं और उस पर ही हमारी आगे की परफारमेंस टिक जाती है।

मैं आप से अपील करता हूँ कि आप इसके आधार पर स्वयं में परिवर्तन लाएँ।

मैं आपकी सहायता के लिए हमेशा उपलब्ध हूँ। इसे आप या तो खुद कर सकते हैं और या फिर किसी विशेषज्ञ की सलाह ले सकते हैं।

किसी भी प्रकार की सहायता के लिए आप INFO@JBGEPL.COM पर मेल कर सकते हैं या फिर 1 to 1 Zoom Session के लिए पूछताछ कर सकते हैं।

Notes: 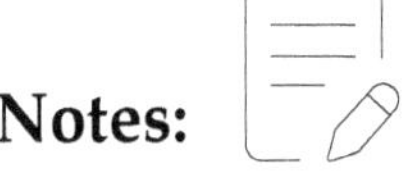

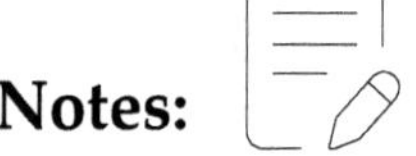

Notes:

Notes: 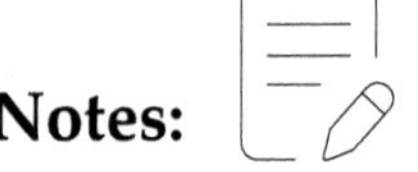

Notes:

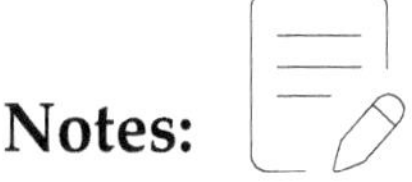

Notes: 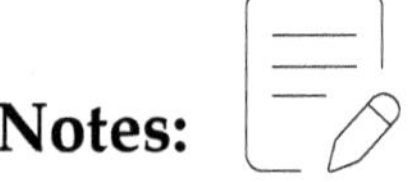

Notes: 

Notes: 

Notes: 

यह पुस्तक उन सभी लिफ्ट कंपनियों के लिए है, जिन्होंने नौकरी छोड़ कर अपनी खुद की कंपनी शुरू करने का निश्चय किया है या यूँ कहें कि अपना संपूर्ण जीवन लिफ्ट के लिए समर्पित कर दिया यह पुस्तक कितना अधिक तथ्यपरक है, इसका अंदाज़ा इसी बात से लगाया जा सकता है कि १०० से भी अधिक लिफ्ट कंपनियों के डेटा का विश्लेषण करने के बाद यह पुस्तक बनाई गई है। इसमें ऐसे बहुत सारे मिथकों कि चर्चा की गयी है जो आप जैसे लिफ्ट कंपनियों के विकास को रोकते हैं। निःसंदेह प्रस्तुत पुस्तक सभी लिफ्ट उद्यमियों को अपने दायरे का विस्तार करने और एक विशिष्ट पहचान बनाने में आश्चर्यजनक रूप से उपयोगी साबित होगा ।

हर्ष ने अपने करियर कि शुरुआत ही लिफ्ट कंपनी से की थी। ये विभिन्न लिफ्ट निर्माताओं को यांत्रिक भागों (mechanical parts) की आपूर्ति किया करते थे। वह दौर इम्पोर्टेड सामानों का था। अधिकांश लिफ्ट बाजारों में आयातित सामानों का ही बोलबाला था। घरेलू बाजार में सोर्सिंग की समस्या को समझने के लिए लेखक ने एलीवेटर मैकेनिकल डिजाइन कंसल्टेंट के रूप में काम करना शुरू किया। उन्होंने जल्द ही लिफ्ट निर्माता की जरूरत के हिसाब से किट तैयार करने में महारत हासिल कर ली! जिससे भारत में ही सोर्सिंग कि प्रक्रिया शुरू हो सकी और इस तरह से लिफ्ट निर्माताओं की बहार से उत्पादों को इम्पोर्ट करने कि समस्या से निजात मिली। लगभग सारी बड़ी लिफ्ट निर्माता कंपनियों ने विदेशों से सिर्फ कच्चा माल आयात करना शुरू किया और फिर उनसे उच्च गुणवत्ता वाले अनुकूलित बाजार उत्पादों का निर्माण शुरू किया। इस प्रकार से हर्ष ने लिफ्ट निर्माता कंपनियों के लिए बहुत बड़ा योगदान दिया।

Worldwide Publishing by